當風吹起的時候

子　青　著

文　史　哲　詩　叢

文史哲出版社印行

國家圖書館出版品預行編目資料

當風吹起的時候 / 子青著. -- 初版 -- 臺北市
：文史哲, 民 106.07
頁；　公分（文史哲詩叢；132）
ISBN 978-986-314-376-5（平裝）

851.486　　　　　　　　　106011834

文 史 哲 詩 叢　132

當風吹起的時候

著　　者：子　　　　　　　青
出 版 者：文 史 哲 出 版 社
http://www.lapen.com.tw
e-mail：lapen@ms74.hinet.net
登記證字號：行政院新聞局版臺業字五三三七號
發 行 人：彭　　　　　　　雄
發 行 所：文 史 哲 出 版 社
印 刷 者：文 史 哲 出 版 社
臺北市羅斯福路一段七十二巷四號
郵政劃撥帳號：一六一八○一七五
電話886-2-23511028・傳真886-2-23965656

定價新臺幣二八○元

2017 年（民 一 ○ 六）七 月 初 版

自　序

鳳凰映心懷，騷情照我還

　　又近鳳凰花開的時令，這樣的季節心情容易滿懷。不單是因為授業的學子即將畢業離去，反而是時間的遞嬗總叫人逼視自己的情懷。明知結束是必然，卻也無法在已知中放下塵心俗情；想瀟灑地看待世界，但也只是理論遠比實踐的多。回眸時，驚見黃昏正笑睨我的臉，窗牖上那款擺的風輕敲心扉。

　　曾經有位前輩詩友，戲稱子青詩集存有日記的隱用功能。其實，這位詩雋所言不差。一來我的詩集從不分輯，以時序編纂；再則我的詩篇來自生活，有其連續性像人生的跑馬燈。因此，倘言詩集有所應用性質，這是我可以接受和認同的。畢竟作品的有與無，常常是一體兩面的事情。有我那是作者的生活觀察，無我也是作家生命的體會。毋須價值判斷，就留給讀者欣賞之餘，自有其共鳴與感悟吧！

　　對於文學與人生的見解，我個人認同朱光潛先生的想法：「作者對於人生世相都必有一種獨到的新鮮的觀感，而這種觀感都必有一種獨到的新鮮的表現；這觀感與表現

即內容與形式，必須打成一片，融合無間，成為一種有生命的和諧的整體，能使觀者由玩索而生欣喜。達到這種境界，作品才算是『美』。」(《談文學》)《當風吹起的時候》裡頭的作品尚未能及先生的看法，但在創作的過程中的確有用心於實踐，固然落實未達萬一，爾後定當繼續不輟。

　　距離上一本詩集的出版，匆匆又過去了數載。人事的變遷甚巨，季節的輪迴從來也不曾減緩；心情的感懷頗深，詩作的撰寫從來也不敢停滯。告訴自己：「為生活而寫、為生命而寫，也要為疼惜你的人好好地書寫。」由衷感謝諸多的前輩與詩友，在過往歲月中給予子青的愛護及提攜，因為有您們，所以我勇敢地努力向前。也感謝陳筱婷老師在百忙當中為拙作執畫，增添詩情；學生郭沛宜於大學繁星推薦上榜後，很細心地為這一本詩集的出版做最後的整理。

　　鳳凰將要起飛，她的美會永遠印記我心。耿耿詩心，期能效法大家典範，為天下立心，為新詩鐫情。醉翁歐陽脩云：「山水之樂，得之心而寓之酒也。」子青想分享的是：「作詩之趣，得之心而寓之筆矣。」或許寫詩也需要幾分的醉意，才有騷人墨客那不朽的情懷啊！

子 青 序于府城風軒
2017 年 5 月 4 日

當風吹起的時候

目　次

初夏三部曲

之一　現在進行式

生活是那扶不起的落葉
散了就該讓它自由地飛翔
莫為即將結束的季節而心碎
春雨紛紛叫世界有些許的迷離
唯獨往事這般青春
依然在記憶中鋪陳

夢想永遠是一種真實
一旦加上了人情世故的佐料
它便會不由自主地走味
就像這一杯水可以是茶
可以是咖啡也可以是自己
選擇一直是揮不去的夢魘

美麗妝扮了人間
如同欲綻的蓮花奪我心眼
清高是否也是一種猜疑

臆測是難解的夢境
就隨風消逝也罷

之二　花無罪

當年武后下錯了詔令
徒讓百花瞎忙一場
褪去了權利就剩下一張嘴皮
叫歷史自己了斷
天下是誰的天下
撕掉那張過時的日曆
看你還能怎樣興風作浪

無論百合抑或葵花
不管是香蕉還是芭樂
都有自己的故事演義
值不值得收獲風知道
雨知道還有冷冷的歲月曉得

對的錯的無解的都塞進了欲哭無淚的日子
人總是為了追逐答案而活著
我只知道沒罪的是那些美麗的花兒
可能誤會的是叫著人的人

之三　白蓮

不明白妳為何在芒刺上生長

無法理解妳怎麼喜歡
在纍纍的仙人掌中肯定自己的存在

在想像的世界裡
從來不曾有過白蓮兀自盛開於沙漠
而妳卻鑿穿初夏的時空
來到了繁華的都市

多麼令人驚豔的花呀
在夜裡妳是那明月的倒影
佇立風中妳是搖曳心情的芙蓉
邂逅今生應是亙古餘緣
切莫在睡去的眼眸甦醒時
妳已無蹤

註：空中小花園的仙人掌突然綻放一朵猶如白蓮的大
　　花，令人驚異。為此，奇喜之餘以詩為記。

2014.5.9

原載於《秋水詩刊》第 161 期

當風吹起的時候

不知何時
起伏的心情被裱褙
在梅雨姍姍而來的天空
阿勃勒無畏車潮熙攘的狂囂
依然提著花燈
燦亮已經有些黯淡的日子
這又哭又笑的季節
容易叫人忘了自己
徒留失神的背影踥蹀

窗外雲縷輕颺
載不動那慢活的歲月
欲將心事鋪陳為一首歌
無奈依舊挽留不住逃亡的詩意
節奏不出我們的繾綣
突然翻轉的雲相蘸著幾分的古典
卻容不下彼此眼神邂近的憂鬱

雨趁機偷襲了思緒

窗情濛濛殘留淚痕幾許
如何能夠向這場季節雨告別
是此刻最大的難題
乍雨還晴的天氣
雖然美麗了這一季
當風吹起的時候
可有你的夢飄進我悠悠的心裡

2014.5.20

原載於《華文現代詩》第 2 期

沙　雕

囂張的太陽熔不去你堅定的性格
激動的海風吹不走你挺拔的身影
就是這樣的存在
讓你來到世間充滿了意義

雖然只有沙
但是你的笑容如此地真誠
雖然只有水
而你卻是這般地柔情
雖然只有那雙讓你來到這裡的手
讀懂你的心情感受
寂寞將成為夜空中
那一顆最閃亮的星星

千里金濤急著牽引你的眼神
偕同奔向那一抹最後的晚霞
彷彿是黃昏設下的棋局
在欲晚的詭譎中
越過茫茫的楚河漢界

企圖帶走你美麗的身影

是夢就註定是一場空
如同此刻我們的相遇
在離去之後
彼此相忘於習習的風裡
今晚的孤獨將被放大
對於你的思念
卻早已收藏在方寸之間

2014.5.25

原載於《葡萄園詩刊》第 203 期

雨　辯

陰雨天
我們在世界的蒼茫裡與生命共舞
千萬不要想起時間的容貌
它的姣美容易迷惑踽踽的歸途
就讓它失去自己存在的意義
如此才能見證我們的永恆

也許雨中還有收斂不住的淚痕
被一時忘了前途的坐標洗練的更加剔透
彷彿那記悶雷也可以暫時溫暖已冷的心情
叫欲裂的思想侵襲享受浪漫卻從不在意的風語
停駐窗前為永恆典守

暫時歇息的蟬籟讓時間的方向滅頂
卻把駱賓王的心事晾在微暗的空中
被釘牢的歷史只能無奈地輕喟
雨為文學家見證而又有誰能夠替它答辯
在這不是時候的時間裡打亂了一場美夢

時間收住了我們的歲月
窗雨卻禁錮了霸氣的時間
讓淡定的永恆寫在每一個想要把握它的心靈
無懼漸漸闃黑的天色懾人的臉孔
如同雨在窗外努力地為自己申辯
絕不屈服於傲慢的時間那詭異的笑容

2014.6.4

原載於《葡萄園詩刊》第 203 期

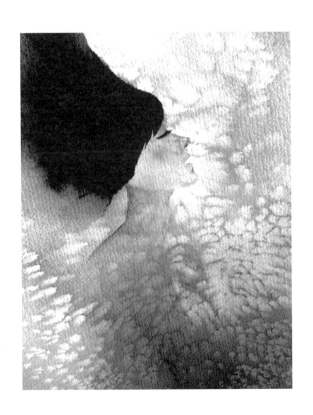

綻　夏

早到的阿勃勒在風中笑著
與夏日的陽光唱和
指數歡喜的連夢都被撐破
眼睛路過綻放美的愛波

鳳凰不甘於寂寞
在路的那一頭頻頻招手
叫人難於忽略她的燦豔
就怕醋勁十足的風爺未肯分享

夏的聲音如此宏亮
讓沉悶的世界武裝自己的精神
只為了這瞬逝的美麗
季節難留

2014.5.6

原載於《新文壇季刊》第 37 期

心　鑒

心情掛在雲邊上
彷彿飄泊成性的風
擁抱了自由卻又想要有所依靠
不知窗外的黃昏為何而笑
此刻如此紮實地倒映在懵懵的心底

丞欲奪窗而出的眼神
不自量力地想把天空摘下
只為了阻擋將至的黑夜
佔據剩餘的心情

斜陽突然滿照世界
它聽見了我忐忑的心跳
在雨後乍晴的時刻裡

2014.6.5

原載於《葡萄園詩刊》第 203 期

猜　疑

雨呀
你是否正確地找到了自己的落點
在飄零中是否也有著深深的恐懼
如同我在茫茫的人海裡
常常遺失了自己

世界醒了又漸漸地睡去
入夢之後幸福往往叫人耽溺
卻又在情節的高點將迷霧吹散
赤裸的心情無法忍受悲淒的冷
紛紛倒臥在已被寒雨淹沒的季節
空有一場美麗

雨中想不起那奔馳中的詩句
尋覓翻天覆地
它依然不留半絲半縷的訊息
讓人好生猜疑
又是幾多日子的凋零

2014.6.9

原載於《葡萄園詩刊》第 203 期

心十七行

幸福的蟬聲滔滔響起
心情美麗化解世間擾
這是季節饋贈的禮物
叫人如何不想它的好
阿勃勒依舊風中自得
藍天下堅持真實本色
飄零的黃金雨如詩畫
是夢囈是傳說是隱語
還是我無法褪去的夢
仍在彼此的心索牽繫
倔強無度的太陽孤獨
欲讓眷戀寂寞相思苦
催促蟬歌不斷令人老
回頭又是風景片片到
原來悟性我身早擁有
樹下任風拂去前塵事
莫使音浪翻騰心悠悠

2014.6.10

原載於《華文現代詩》第 3 期

醉

山色空濛將悠悠的心情擁抱
雨的飄逸真叫人陶醉
凡間羞赧等待靜謐的美麗
彷彿武陵人突然忘記了塵思

已被毒害的紅塵是否還有良知殘存
天地不明讓人擔心
聖賢一旦變成了歷史的名詞
道德就只能掛在雲邊閒蕩
世界大同果然是一篇極短的笑話

太平洋從來激盪不出想望的太平
暗潮洶湧卻是它互古的本色
船上踽踽的生靈任由漂蕩
還有什麼大道理可以安撫未來
只有飛舞的颱風知道

多麼想要一個桃源國度
滿載星星的天空下緊鎖它的美麗

也許月鳥偶爾被那調皮的逗雲調戲
誰還會在乎夢的真假
酒醒以後
天下依然是天下

2014.6.22

原載於《野薑花詩集季刊》第 11 期

抄手小館

饕客的筷子像劍一樣的犀利
劍劍刺進湯包餛飩的懷裡
起式收步精準不馬虎
害得我眼花肚饑
怨老闆的手在磨繡花針

終於主角出了場
依然是那一副模樣自得
靜默泅泳於水草滿布的碗裡
挑逗著那張有趣的小臉
彷彿是黃昏捕獲了夕照的美麗

仍然逃避不了決鬥的時刻
肚子聯合腦子
快速地鎖定下手的方位
依舊是哲學家的你
將世界美化的太迷離

突然孔子的叮嚀跑進了心裡

筷子莫名地踟躕
是該勇往直前　還是就此停息
選擇當個儒家　抑或成為老莊
心緒不定叫人費猜疑

吃會難過不吃會傷心
吃與不吃變成了一道申論題
是我必須決定你的未來
還是我的人生由你來定奪
一時無解角力如拔河

這雙筷子使命必達
如同該下的雨從來不會遲到
應當飄起的風未曾停歇
盡責地完成了絕殺的工作
徒留餐後的心情縹緲於湯頭

2014.6.20

原載於《新文壇》季刊第 37 期

花東三闋

之一　飛翔

山林吞噬了現實的心
忘記自己的武陵人
桃花可曾飛出他的心

花東縱谷的聲線依舊渾厚
牽引遊子飄然的夢境
世界動盪這裡獨享清靜

讓神秘的大海擁抱俗務
無爭將一切的美好留在眼底
心情飛翔我是快樂的人

之二　幸福

欲晚的太平洋嫵媚了心情
悠悠的後山世界這樣繽紛

還在遠方的小浣熊
愛上了大海頑皮地舞著

山色收住了夏雲流浪的意志
在縱谷的懷抱裡吟唱歸去

別說風的呢喃不解現實
轉身以後依然輕盈

把自己寫在蟬聲的日記簿裡
相約於幸福的陽光中再見

註：「浣熊」是今年出現於太平洋上的新颱風。

之三　想望

午後的驚豔叫心跳激越
遺失了都會熟悉的時空
像網一樣的陽光讓情緒無法自已

漂泊成性的青春忽然重現江湖
只有那遠走的孤帆杳杳依然
詩仙的寂寞長江了解
茫茫藍天滿懷的想望
有誰收得住它無際的氾濫

太平洋的風正吹得狂野
海山的合音如此亙古
令人陶然的滋味
就像花東的愛這般地奔放

2014.7.9

原載於《秋水詩刊》第 161 期

愛相隨

思念是一種會上癮的東西
不論晴天抑或雨日
總是在心的角落裡伺機而動

沒有人可以告訴我
愛情的成分中
是否藏有癡迷的催化劑
是否愛上了一顆真心
就註定此生必然相隨

老夫妻牽手一生
連告別世界的方式都如此纏綿
是什麼情愫叫人無法放手
又是怎樣的緣份讓心這般依戀
夢一樣的美麗故事

2014.7.25

原載於《葡萄園詩刊》第 204 期

摘夢的人

我是一隻黑夜中翱翔的鳥
看不見地平線的模樣
卻一直努力地想像
有朝一日可以飛進它的懷裡
擁抱生命不懈的意義

我是一條在深海裡悠游的魚
遠眺不到藍藍的天空
但非常勤奮地向上挺進
總有那麼一天能夠與海風同遊
呼吸世界的甜美

我是那一棵巨榕下的樹蔭
雖然望不見熱情的太陽
可是結實的大地愛上了我的溫柔
捨不得離去的人們
深深知道我的美好

我不會被城市迷惑

再多的十字路口也不會徘徊
夢想為我鋪陳的美麗意志
或許有風有雨
更讓我知道御風駕雨的力量

無論是魚還是鳥
都要勇敢地摘下自己的夢想
不畏地平線在黑夜中隱去
海上的波濤如何地激動
奮鬥將是不變的成功方向

2014.7.16

原載於《華文現代詩》第 4 期

夜　火

──為高雄氣爆而悼

熊熊的烈火吞噬著黑夜
如夢般的災難現場支離破碎
別問我為何還不快快入睡
只因家已毀而魂已廢

雖然期待太陽舉起明日的希望
卻害怕看見再也無法拼湊的家園
問蒼天怎這般失去理智將它撕裂
早已累癱的世界啜泣掩面

你在哪裡呀我摯愛的親人
是不是爆炸聲讓你聽不到急切的呼喚
是不是瘋狂的火燄迷失了你的歸途
我們拚命地尋覓你那熟悉的身影啊

夜更深了夢在雨中驚醒

明天是否還有高雄美麗的笑容
輕輕走過的風不知道
已然成河的淚水疑惑地想著

2014.8.2

原載於《中華日報》副刊 2017 年 8 月 8 日

雨中蝸牛

走過微冷的早晨
失去表情的靈魂在傘下尋覓方向
唯獨你一派自然地馱著自己的幸福
慢慢地享受雨中風景
叫心事忘了寂寞
雨輕唱悠悠的夢想

世界依然不平靜地自轉
這一場雨是否可以打醒紅塵
任誰也難以猜透
遠離的祥鴿如何讓牠不再流浪
答案無法寫在冰冷的風上
雨卻自在地飄著

慢爬是你絕世的功夫
沒有預警的夏雨
讓招數發揮得淋漓盡致
行色匆匆的人呀
快活是你一生的宿命

還是那雨中大俠
慢條斯理不願提起的悸動
這場雨來的真是時候

2014.8.16

原載於《葡萄園詩刊》第 204 期

秋遇東門城

被車流包圍的東門城
佇立風中
夕照陪伴那孤單的身影
還有幾分的傲骨挺拔依舊
夜的顏色即將淹沒滄桑
獨留踽踽的歷史燈華憑弔

時間無情已是不爭的事實
改變成了它傳世的絕招
嘆息卻是我們必然的選擇
生命不幸被過去定格
恐懼就註定被未來帶著行走
街頭茫茫
不知門牆那道斑剝的夢想
是否青春依舊

中秋都已經站上了枝頭
帶霜的心情只能與城樓相對無語
今夜過後月圓也許依舊

已被改寫的世界能不能吟誦
這一首為你烙印的心詩
連西風都笑了

2014.9.8

原載於《葡萄園詩刊》第 204 期

演講比賽

沒什麼了不起的幾分鐘
彷彿主宰了人生好幾世
千萬的文字在腦海裡飄搖
只能舀取一瓢獨飲
怕醉倒在血腥的講臺
所以拿綱要當羅盤
將故事織成那一張帆
小心翼翼地航向成功的彼岸

慢慢踅出了港灣
才知道有岸可靠的幸福
看似海面風平浪靜
暗潮卻已在船底計算何時溺斃
黑水溝那猖狂的吼聲
企圖讓分心爬上無助的滄桑
翻覆是它野心的代名詞

終於嘴角吞噬著名次的背影
心情咀嚼著海風

向世界宣告征服了大洋
轉身以後微雨的天空
悄悄帶走了虛弱無言的勝利
表情茫茫一片

2014.11.1

原載於《新文壇季刊》第 38 期

悸　旅

出發了
高速公路迎面奔來
山色漸漸隱去
嘉南平原睏脈地甦醒
被夜囚禁的那一隻迷鳥
可還存有黃昏時藏在翼下的理想
繼續讓太陽捉不住夢的方向

夢有沒有保留的期限
從來就不曾在歌聲裡昇華
一曲遺憾與你無關
只因還有些許的溫存蕩漾
冗長的隧道將模糊的記憶拉得更遠
想說的故事都叫鐵橋下的激流沖散
風吹過心坎停泊於眼前
漾成一片屬於我們共有的風景
低迴

路燈漫長都在期待夜的降臨

濤音無邊這般款款讓人清醒
輪迴失憶可曾為那不再重演的往事
留下可以鐫在日記簿裡的生命字句
歌詠這一段未竟的青春

2014.11.2

原載於《野薑花詩集季刊》第 11 期

念

秋天笑著佝僂的樹影
在它摩頂的天空中
隱約倒映著微寒的心情

時間冷漠了生命
任季節在飄風裡揮舞著大纛
翻了幾番的山嶺在雲邊高歌
天色終究抖落顫慄的夢

總是等到掛曆變得單薄
哆嗦在胸膛蔓延
才想起那些遠去的背影
依然徜徉於未央的故事

且把西風別在心上
懷念時拿下來撫慰徬徨的寂寞
教紅塵看盡踽踽的滄桑

2014.11.9

原載於《葡萄園詩刊》第 205 期

戀戀林百貨

風華在忠義路上飛揚
美麗被中正路歌頌
熠熠的歲月映入心簾
如夢般的絕調教人陶醉

曾經擁有的精采
火樹銀花般地璀璨上場
挺拔的英姿再現
讓歷史在風中猛然覺醒
旗正飄飄

這幢府城不朽的印記
深烙你我心底
回眸時
依然有著燁燁的燈影照耀
在四季的懷抱裡
留下雋永的情意

2014.11.11

原載於《葡萄園詩刊》第 205 期

桐花飛舞

山嵐低迴飄進空蕩的心情
遠方高與天齊的夢境
羞赧地酣笑於江湖

點點白花迸入旅人的眼眸
彷彿前世的緣起緣滅
依然撩撥深處最無法關閉的思念

記憶微甜那是因為有你同行
想望這般苦澀由於孤獨無你
忘了將過去回填夢中
徒留自己悽然一片

黃昏總在世界累了以後將它打扮
只是夜的腳步太快太急也太大意
讓花香收斂不住歸途
月的蒼白掩去了最後的容貌

曾經企圖將你別在心上

教那猖狂的季風無法撒野
怎奈夜色悄然布下的網
已將嘆息攔截
卻挽不住美麗離去的背影

終究落入了凡間隱翅而去
這一季最叫人心疼的祕密
是眼窗外那皚皚如雪的歌聲
迴旋激起的悲壯殞飛
讓遠行者踽踽不滅的牽念

2014.11.22

原載於《葡萄園詩刊》第 205 期

難　題

好久不見的雨莛來窗前
輕扣今夜尚未甦醒的夢
頃刻間猶豫起自己的真假
在微黑的世界裡
有著無法抑制的體溫飆升

與現實交戰徒讓心情棄守
只能想像明天的樣子
又恐事與願違傷了難得的冬意
空餘海風佔領後的唏噓
濤浪疾疾早已分不清
是哭聲還是絕版的笑語

誰說世界善變
不變的是我們無法在時間的意識流裡
寫住永恆
卻一直懷想著那不朽的神話
當生命轉眼成了一則笑話
我們又當如何面對解嘲過後的痛楚

晨光突然停下了腳步
倒影還在掙扎是否卸下最後的面具
涼透的夢境已經不想突圍
任心情在呼呼的北風中輕輕睡去

2014.12.14

原載於《華文現代詩》第 4 期

釋　懷

雲走的好輕盈
海游的好穩當
心靜的很瀟灑

揮別了都市的喧囂
遠離了網路的壅塞
放棄了紅塵的鬥爭

還有什麼必須歌頌
還有什麼必須停留
還有什麼必須收藏

人是人的自己
人是人的回憶
人是人的行李

堆積成了習慣
生命只好不斷地出走再出走
剩下輕輕的心情
在花東海岸

2015.1.2

原載於《野薑花詩集季刊》第 12 期

寂寞天涯

窗外的雨不肯離去
臘月釀的意象這般繾綣
心情悠悠如風
地下街的人潮洶湧
讓人忘了南北東西
想頂上那忙碌的世界
莫名的快樂堆積心頭
開始懷念狂放的夏日
在冷冷的季節裡尚有溫存幾許
可以用來測量眷戀的深度
就讓笑容收藏彼此的故事
叫寂寞流浪天涯

2015.1.7

原載於《華文現代詩》第 5 期

忘　塵

高鐵刺穿了黑夜
帶我來到傳說中的夢境
有桃花源失落的渡口
還有柏拉圖來不及實現的理想國度
唯獨失速的列車不知何去何從
星空嚇出一身冷汗

冬雨停留不住窗前
只有莫名的黑叫人手足無措
過站未停的風
何時才能暫歇無情的速度
讓流浪的生命不再匆促
等你在夢未醒的季節之中

世界太大茫然了心的方向
想安頓一下許久不眠的感情
卻又在匆匆地呼嘯聲裡
終結了希望
也許今晚以後渡口又再次地迷失

真的理想都成了飛散的遐念
我也只能學學古人的瀟灑
轉身離去
佇立紅塵笑傲江湖

2015.1.11

原載於《秋水詩刊》第 163 期

秋　騷

霸氣的黃昏吞噬了秋色
窗牖慵懶阻卻欲飛的眼眸
想要自由的夢想
徒留微光篩落幾許的嘆息
世界冷冷地睡去
明天可有朝暾綻放依舊

十月的意象揪人心事
生日逼近欲讓西風遮掩歲月的身影
將青春挽留懷中
逝去的容顏隱沒鏡後
生命最荒唐的劇本現形於斯

街頭遊蕩期待轉角處遇見自己
豈知又是錯誤片片飄落
猶似那一棵不曾開花的樹
兀自作著年年的好夢
而誰又能摘下遺失的美麗
在冬來之前
收藏

2014.10.10

原載於《華文現代詩》第 3 期

冬之念

請把我最美的樣子
留在那一片悠悠的白雲上
明天會是如何已不再是課題
只想將你的笑容停格於心底
就像鏡湖倒映了天空的神韻

冬的腳步聲踩踏了心情
害怕傷了桃源世界
虛構春天的感覺
以假扣押自由為藉口
不讓百花狂了武后的御花園
徒讓野風蕭蕭

難得的陽光停留窗口
幾度以為是你的身影出現
又是一場美麗的錯誤
沒有馬蹄的達達
只有依然念你的心跳
在睡去的眼眸中
聲聲呼喚

2015.1.15

原載於《新文壇季刊》第 39 期

領　悟

一抹晚霞飛向無垠的天空
千里金濤逐去世界的悲喜
心情佇立岸邊
隨星月的節奏忽隱忽現

思念茫茫
都是因為風的緣故
不然為何叫人迷惘如此
輕輕地拂過跙躅的雙眼
前程卻已飄渺在逐漸逼近的夜色

可還有你的消息在我的夢裡出現
莫讓人間悲傷
看那喬木褪去一身塵源
依然有著擎天的瀟灑
心頭的笑意攀上了臉龐
回眸又是春天的聲聲呼喚

2015.1.18

原載於《野薑花詩集季刊》第 12 期

等　候

袖球花已經凋零
依然尋覓不著你的蹤跡
這樣叫人心慌

春天的身影似乎出現
卻又如此曖昧
搖曳風中的思緒
有了新的姿態
就讓它繼續自己的飄逸

卻問微藍的天空
是否明白突然綻開的笑意
轉身
只聽見北風的夢囈

2015.1.21

原載於《新文壇季刊》第 39 期

獨　享

那隻貓望著紋風不動的樹
世界安靜地讓時間獨白
風景沒有了表情徒叫心跳錯愕
霓虹燈只好在陽光下把玩自己的夢

還需要多少的災難才能將生命驚醒
必須擁有多深的遺憾才有不朽的記憶
那輛狂傲的跑車呼嘯而過
北風在空中傻笑了一下
紅綠燈氣得閉眼抗議

誰又能夠明白住在心裡的自己
小草豈知下一刻風即將吹向何方
就讓浮上心頭的思緒任意東西
學一學蘇大學士的無邊瀟灑
定了自我的風波管它有晴還是無晴

貓依然望著那棵早已禪定的樹
世界幾乎與牠無關

享受著只有自己懂的醍醐味
在失去時空的季節中

2015.2.8

原載於《華文現代詩》第 5 期

夜遊孔廟

入夜的孔廟特別淒涼
孤獨的義路似乎走的更遠
少了師生之間的對話
卻多了北風呼呼的耳語
泮池的水不解風情
笑著漾出太平一片

那一株老邁的巨榕已經倒下

徒存憑弔者的唏噓在路上
斑駁的朱門殘留歲月的遺跡
傾頹的倒影是如此滄桑踽踽
走在冷冷的石階
還有清脆的歷史回響
今夜真叫人心情蕩蕩

朱門緊掩石鼓輕揚大同夢歇

告別了下馬碑
猛然想起了孔夫子的教誨
不怨天不尤人下學而上達

他那一群可愛的弟子
永遠堅守信仰的容顏
在這一個紛擾的時代裡多麼的珍貴

2015.2.14

原載於《秋水詩刊》第 163 期

新年偶記

除夕揮別了舊年
午夜的鐘聲催人入夢
窗外景致幽幽
期待首道陽光耀進雙眼

年初一震耳的爆竹聲價響
形形色色的人們佛前遊蕩
國樂聲起龍舞新春
好一片羊羊得意

年初二引領回家的車潮
周邊的風景愈換愈急
似箭的歸心越飛越準
滿懷的喜悅漾成一湖的笑漣

年初三睡醒後的風平浪靜
彩券行的刮刮聲音特大
生命的悲喜在轉瞬之間展演
猜不透的答案竟是如此動人

明年將是怎樣的日子呢
真的難以說定其實想也無益
瀟灑一下吧
與春風遨遊享受無盡藏的時空

2015.2.22

情飛得已

隔壁桌的婦人訴說著悲哀
彷彿人生的難關正在蔓延
多深沈的痛楚
才能訴說這般無盡的心情
人啊！就是難呀

世事與學生的作文一個樣
明知起承轉合的必然
信手拈來都亂了套
錯字百出句子凌亂
結束還會來個八股的回馬槍
問你看懂了沒
那支紅筆在方城裡隱隱作痛
終於倒臥於無明的燈下

諸世難料
淚如暴雨下個精光
未必能回收滿湖的笑漣
心思掏空

也難得伊人的顧盼
春風漸漸飄起
冬天就要吹向遠方
細數不盡的世間演義
且讓它自由的飛吧⋯⋯

2015.3.1

原載於《葡萄園詩刊》第 206 期

星巴克奇想

心情就像窗外的風車
轉呀轉的
過年的氣氛逐漸平淡
想著人生總在輪迴中自轉
舊去新來不變的定律
有些淒涼
新聞報紙都是昨天的舊事
過去的生活也成了今天的歷史
看似自然的卻是一片荒謬
咖啡香掩不住現實
剩下來來去去的人潮淹沒了心情
不想溺斃
站起有些腐朽的身子
閉上耄耋的雙眼
尋找微風到那企求已久的夢中
快樂春天到來的喜悅
一如黃金風鈴花在夜裡初綻的歡娛

2015.2.28

原載於《葡萄園詩刊》第 206 期

春　信

風鈴花帶著渴望到來
在微微的東風裡
享受此起彼落的喀嚓聲
寵愛陶醉

可惜美麗短暫
留不住倩影永恆
黃雪悠悠飄過眼前
殞落是寫不盡的命運

春天真的到了
夢想的草稿
在筆尖上蓄勢待發
且等雷鳴起跑

2015.3.8

原載於《葡萄園詩刊》第 206 期

詩　絮

黃花終究飄零
北風復興
春天的腳步顯得踉蹌

霧鎖疲憊的城市
詩想難開
心情陰霾揮之不去

貓的沈默如此蒼白
讓這擁擠不堪的世界
任性地做著自己的夢

2015.3.8

原載於《葡萄園詩刊》第 206 期

逆　夜

黑夜的美令人屏息
如同殞落的木棉花
那飛翔的姿態讓心澎湃
時間的跫音淹沒於世海
茫茫星辰守候最後的堅持
山音徜徉稻浪依依
褪去殘留的疲憊
心夢遠颺

生命交錯在風中
任天地安置已然無法突圍的思緒
還有多少的歲月可以回歸
命運終究縹緲
誰是黯域的主宰
將情懷迷失不留背影

2015.4.1

原載於《新文壇季刊》第 40 期

草間彌生

眼睛佔領了你的夢
點點佈滿了你的心
那既熟悉又陌生的臉孔
讓世界更為無限而遙遠

每一粒圓都是夢的細胞
聚集起來再生一次畫的故事
透視的眼光叫人無法遁形
冷冷的臉龐閃爍著劍稜的銳氣

光影魔幻錯亂了時空
誤闖夢境的我們
就像被磁吸一般無法自拔
在每張畫的情感裡酣醉

窗前的球體轉動了現實的我
回到還有想像的童年
重新捕捉已經失去的夢想
那藝術家腦子裡飛出來的星空

2015.4.5

原載於《葡萄園詩刊》第 207 期

情　惘

心情被窗風吹醒
天空笑著臉
白雲悠悠
在季節的懷抱裡陶醉

缺水警報不絕於耳
誰真的在乎世界的模樣
明天以後還有沒有歷史
政客笑了老天爺也悶著

告別了青春
才知道中年的難處無解
滿腔熱血逐漸乾涸
豪邁的巨輪擱淺夢中

不如繼續沉睡
這叫人迷惘的日子
或許風再起的時候
鳳凰花也已振翅

2015.4.20

原載於《葡萄園詩刊》第 207 期

安平古堡

舒服的風讓心情飄上了雲端
所有的想像暫時找到了出口

這一把屬於小鎮的火炬
亙古照耀著歷史
多少的歲月激流
淹沒不去它的光芒

璀璨的天空
再也不能解構愛恨情仇
就任它在風雲變色的政治中
褪去滿身的傷痕

而那熊熊的火焰
將會繼續燃燒到春天痛楚的時候

2015.4.26

原載於《華文現代詩》第 6 期

心 翔

春暖乍寒的早晨
時間的皺摺如此明顯
叫人難以忘懷歲月
在花謝雨寐的當口

這些日子天空不曾流淚
只能想像猛然灌頂的喜悅
被現實帶走的盼望
徒留心情落拓滿襟

紅綠燈跳著自己的節奏
就是放不下腳步
監視器吞噬自由的細胞
也兼併了我的快樂

喜歡風的感覺
它是夢的使者
看不見卻是最真實的存在
讓心飛翔

2015.5.12

原載於《葡萄園詩刊》第 207 期

你今天好嗎

你今天好嗎
雨一直不來
玻璃窗外的世界顯得慵懶
叫心情也忐忑了起來

你今天好嗎
風飛不出去
吊扇自轉個不停也不累
讓心事無法迴避孤獨的眼神

你今天好嗎
阿勃勒又向愛美的慾望招手
難逃季節佈下的陷阱
心境被現實看守

你今天好嗎
黃昏的笑容正燦爛
閒雲幾朵以留鳥的姿態
在天空中放浪形骸

你今天好嗎
夜已住進徘徊的心頭
迷途的孤星想著自己的方向
寂寞微寒

你今天好嗎
鳳凰花燃燒著夏天
畢業的人茫然於江湖
何時小麻雀真的可以駕馭天下

你今天好嗎
夢醒時分所有的愛恨情仇
是否已經雲淡風輕
安頓了自己也安享可以不醉的光景

2015.5.20

原載於《秋水詩刊》第 164 期

捨　得

心情與山雲齊飛
南風牽引著方向
伊人的笑網絡了意識
這難忘的初夏滋味

恬靜的小河蜿蜒
偌大的天地禪定
穿越了世界的夢想
生命終究空無一切

寫首偈詩送給自己
沒有牽掛的文字
剩下的笑意拿來
釋去積累的俗氣
回首依然情飛雲翔

2015.6.1

原載於《華文現代詩》第 6 期

選秀會

唱的跳的愛現的都來了
胖的瘦的奇怪的都來了
高的矮的特別的都來了

有傘沒傘的太陽一樣侍候
選秀會賺到了瘋狂的青春
可憐的希望
卻被晾在竊笑的白雲下
昏昏欲睡

明星夢夢明星人人想摘星
就數夜裡的星星最真實
望它想它念它嗔它
它依然是它
這永遠不變的星辰

2015.6.20

原載於《新文壇季刊》第 41 期

夏語安平

微微的風吹著安平
夢想在夏日中狂放了起來

過熱的季節將時間蒸發
空氣裡盡是茫茫的歷史演義
叫老花的眼睛誤認砲臺
還在遠處隆隆地響起

劍獅爺霸氣的那張臉
看久了直叫人哆嗦
終於知道安平的意義
盡在爺的眼神裡打轉
任盜賊望門興嘆

默娘在風中舞著慈悲的水袖
夕照映上了她的臉龐
幾道愛的光芒
引領那出航的漁船
帆向星子守護的海域

蓮花正在海上盛開
讓世界增加了想像的變數
悠然的追想曲於港灣迴盪
古堡老驥伏櫪神態堅定

註：「蓮花」是今年在太平洋形成的颱風

2015.7.7

原載於《新文壇季刊》第 41 期

遊澳珠圳有感

越過南中國海
才知道徐志摩的心事如此深情
康橋再別人生茫茫
飛機上沒有讓感情顛簸的濤浪
卻有著叫人神遊的雲海翻騰

葡萄牙離開了澳門
五十年的資本主義
是否還可以天長地久
這是踏上此地突然
在眼裡冒出來的問號

再也找不到小漁村的原貌
現代化的都市氣息
早已在繁華中洶湧
讓人質疑從前的地理教科書
是否誤寫成了歷史
年輕的珠海瞇眼笑著我的傻

每一幢大廈都想頂天立地
整個深圳彷彿是巨人的舞池
中國夢不絕於眼眸
動人的口號讓夢飛得更遠
猛龍驚醒正在南方擺尾

渡輪就要過江
南方的太陽撫慰了疲累
也讓我想起了故鄉的好
小小的島
典藏著自己的風景
還有它神采奕奕的美麗

2015.7.15

原載於《野薑花詩集季刊》第 14 期

風　起

風雨夜來飄落了多少愁緒
強颱霸氣地掠過臺灣
門外的世界不知是何模樣
心情如此忐忑

太陽昨兒還驕傲地笑著
平靜安逸的凡間
現在數著時間卻問著心情
窗外的這場急雨何時可以停歇

漣漪不斷地糾纏
水下企求仰望天空的魚兒
只好張著嘴巴痛苦地禱告
那有氧的願望

被迫改變姿勢的路樹
再也挺不回原來的自己
沒有呻吟沒有血流成河
但圍堵了城市的脈絡

猶如子夜播放的恐怖片
淒厲的風吼伴著發狂的驟雨
這一場晚會真叫人過癮
夢的存摺裏又新增驚悸的利息

註：強颱「蘇迪勒」橫掃全臺，號稱地表上最大的
　　颱風，風狂雨驟令人難眠，是爲記。

2015.8.9

原載於《華文現代詩》第 7 期

詩是我心中的小孩

雨刷在窗前作畫
大筆一揮
是畢卡索是達文西
是張大千是草間彌生
是心裡那一個不安的小孩

小孩是一首不確定的詩
總在不經意的時候登場
欲以心網網住意象的形體
怎奈突來的驟雨將它打散
徒留遺憾於畫窗上遊蕩

遊蕩的童年被歲月埋葬
剩下詩語收藏過去的心情
行進的夢境被現實過度渲染
小孩成了速食三明治的肉餡
一口一口被咬定了生命

生命終究會在風雨中消失

頑皮的小孩沒有忘記作畫的快樂
當雨又來的時候
他依然會在轉角處
等候

2015.8.16

原載於《葡萄園詩刊》第 208 期

秋水觀止

「秋水四十」美得像春天綻放的花
在千紅萬紫中特別顯眼氣質非凡
靜靜地璀璨自己的美麗
怡悅世俗困頓的心靈

這一年秋水渺渺於江湖
騷人墨客總是頻頻回首
深怕轉瞬遺落了亙古的嘆息
不堪金風颯颯的耳語

浪頭都已經拍上了岸
仍不見伊人絕塵的風采佇立
天空那隻領航的大雁單飛
無法成行的群鳥茫茫於風中

窗外藍天笑著我的傻
飄去的花情依然有詩
又何必落入言詮
就還心自由吧

繫一朵祝福在季節的襟上
讓「秋水四十」芬芳汗青
夜來北辰已然燁燁
眾眸仰望心情悠悠

2015.8.20

原載於《葡萄園詩刊》第 208 期

滅

生命一旦失去了自己的方程式
是否還可以擁有復甦的力量
在這一切愈來愈渾沌的世界裡
能夠稍稍安頓焦躁的心靈

坦白的天空
隱藏著陽光毫不遮掩的野心
將疲憊的人間嚴刑拷打
還想蒸騰滲血的傷痕逍遙

極度渴望秋心爬上封閉的大腦
讓豢養已久的思想
在季節中走出自己本有的姿態
禁得起因為改變造成的無端挑釁

遲到的候鳥永遠見不著璀璨的荷燄
當該說再見的時刻到了
且叫我們曾經不斷齟齬的夢想
彼此相忘於江湖

2015.7.30

原載於《華文現代詩》第 7 期

風 戰

歲月靜止令人窒息
聽不到時間的刻度
嗅不著記憶的溫度
只有微雨窗外獨語
行者心憂深鎖天際

欲來不來的天鵝逗留大海
等待絕好的姿勢轉彎離去
霸氣如它也有溫柔的身段
在牛郎織女的約會中舞袖
掀起臺灣的嫵媚婆娑美麗

世界被戰爭凌遲
烽火的味道更濃
找不到解藥的夢
如何讓心情凍盪
在天鵝搏扶搖時

註：「天鵝」是七夕情人節出現的颱風，詭異的
　　路徑叫人屏息，全臺戒備。適逢兩韓砲火相
　　向，威脅不下「天鵝」。

2015.8.23

原載於《葡萄園詩刊》第 208 期

悼有情詩人

——洪守箴

台南的雨正下著
讓我想起了那一年的西子灣

高雄的風燦爛地吹拂
詩人有情的長箏飛得輕快自在
您侃侃談往事論家國道世界說詩藝
總是這般地深情
睿智的眼神裡粲亮著詩的光彩

揮別了港都
再見卻是告別了人生
洪荒歲月依然悠悠
懷念那如喬木般的詩風
惦記那恰似海湧的笑語

台南的雨正下著

叫我如何不想您的好

註：昔日，前《葡萄園詩刊》主編台客電邀守篋前
　　輩伉儷與我到高雄訪林明理詩友。當天明理熱
　　情招待我們遊賞西子灣周邊景點及高雄美
　　食，度過富有詩情的一天。

2015.8.27

原載於《葡萄園詩刊》第 208 期

子夜秋雨

窗外秋雷聲聲響
激起心情無限
雨打沉睡中的世界
是企圖驚醒夢裡人
抑或只為暗夜不平

拿起老筆一枝當下寫
卻不知從何記起引觸動
燈笑書生怎地癡
且讓它自吼自傷心
也不與你相關

李煜的芭蕉今晚讀來特別有味
那點題的三兩聲雖然可愛
但使人國愁盈懷
不眠的雨呀何苦唱和如此
想是又一番滋味在心頭
懼江水東去不復還
空餘惆悵

2015.8.29

原載於《秋水詩刊》第 165 期

雨 中

低垂的雲將空濛的山色擁抱
連成一片的天地
已經分不清今日是何日

幾度企求渾沌解鬱
讓宇宙再現原初的模樣
怎奈飛入隧洞不見世界

時間停止在夢的座標
迷途的雙眼有些淡淡的憂愁
風無語更令心情悵望

突然狂打的雨將興奮燃起
飄落的塵思化為淨土
渡俗客以遠雲

2015.8.30

原載於《秋水詩刊》第 165 期

有雨也是一種美

今天的午食很有味
雨是主餐佐料音樂
風孃孃舞著祈晴之曲
神韻幾分古典

已經淋濕的心情
遺失了陽光的樣子
只能在雲的曖昧裡尋找記憶
濛濛的眼眸盡是片片淒迷

誰說這樣的天氣是個難懂的夢
神秘是它的本色
失控的情調卻叫人陶醉其中
有雨也是一種美

2015.9.2

原載於《新文壇季刊》第 42 期

喜相逢

我們有多久沒聯絡了呢
是風將我們的記憶吹散
還是忙碌的世界讓我們擦身而過
有妳的日子總是美好
且叫時間暫留
為我們的重逢喝采

2015.9.8

又見阿勃勒

阿勃勒在秋的懷裡偷偷綻開
是預告世界將變抑或
不願在季節的宿命中輪迴

低氣壓剛剛結束它的放肆
高氣壓就已經忍不住提早出場
而妳不避諱所羅門王的聖諭
怎不叫乍遇的眼睛驚湛

一度誤認妳的瘋狂
是天氣錯置的副產品
轉身想想大聲一笑
原來是妳的堅持讓九月繽紛

冬來不來都不再是未來的命題
當下的美麗會被留在季節的裱褙裡
下一季展出時
她風采依舊

2015.9.12

原載於《新文壇季刊》第 42 期

藍　鵲

你無心闖進了我的夢裡
卻叫運河的故事多了一些傳奇
你在樹梢顧盼自己的幸福
那隻好事的八哥驚醒了你的方向
展翅隱入夢境無法搜尋的座標
讓輕睨的眼神
還殘留些許的思念

2015.9.18

秋　望

天空被炸裂的白雲禁錮
心情讓奔馳的秋風解構
九月的世界特別輕鬆
在微微的笑容裡
藏著我想捕捉的夢想

中秋的腳步悄悄地逼近
月圓不再是旅人需求的答案
城市已經耳語
漸凍的世界將是未來的形式
第一道雪乘著季節的翅膀飛行

必須選擇的生活
叫慾望學會了猶豫
貪心的夢想容易碎裂
傷口逼人卻又是如此令人著迷

秋天適合生命的思考
天空突破了雲網

飛得更遠也更加自由
不需要答案的日子
特別美好

2015.9.21

原載於《秋水詩刊》第 166 期

秋節情事

思想關不住蘆葦
秋風吹不倒白芒
歲月帶不走記憶
中秋唱著自己的主題
帶商調的夜曲

被杜鵑驅逐的月娘
看來只有吳剛獨守廣寒
失落的笑臉殘留幾許的滄桑
風過雨逝之後
小店的旗招依然精神奕奕

飲一杯無慾的清茶
三兩口應景的月餅
不能冷落那孤單的柚子
打開它的心扉
酸甜註定了未來

　　註：「杜鵑」是太平洋上的颱風，中秋節襲台。

2015.9.27

原載於《秋水詩刊》第 166 期

寂寞的教師節

秋風吹散了白髮
叫暟暟的蘆葦竊笑
青春逃離飛散於雲天
任教鞭空舞
不敢回首阻斷的來時路

那一群小孩都已經長大
那一些往事被讀了又讀
那一鼎心情失去了沸點
還有什麼回憶值得微甜
在夢迴的星夜裡

颯颯的季節冷冷的自己
時間蒸騰了命運
蒼白的黑板再也寫不下夢想
徒讓悠悠的寂寞佇立窗前
佔據心頭

2015.9.28

原載於《華文現代詩》第 8 期

蚊風色變

最近的流行風是登革熱
誰穿戴上它的行頭
誰就成了報紙上
千萬中的一個數字

它擴散像空氣一樣的自然
人心惶惶猶如地上逃竄的螞蟻
連秋都除不去自己的懷疑
冬天會是怎樣的季節

小傢伙有著大力量
足以撼動我們幸福的家園
靜靜地來又悄悄地離開
怎不叫人失色花容

2015.10.14

原載於《華文現代詩》第 8 期

靜 夜

靜靜的黑夜藏著什麼玄機
路口那忙碌的黃燈還眨著眼
抓不住風的方向
平添幾許未竟的夢

秋盤桓人間微冷了世界
紊亂的天下演不出絕美的好戲
不確定的劇情
叫想像跳脫了自己的劇本

何時黎明再起披著朝暾的晨風
飄飄於獨尊的山巔
為今晚的祈禱留下
永不磨滅的聖記

2015.10.18

原載於《新文壇季刊》第 43 期

急診室

此起彼落的電音
叫得心情如此忐忑
呻吟後的吶喊
探戈忙碌的腳步聲
猶如踏雪而來的冬天
將空氣凝住

不同顏色的制服穿梭
滴不盡的藥水川流不息
將被淹沒的生命載浮載沈
這裡見不到陽光
只有假想的日光燈撫慰心靈
時間失去了蹤跡

等待是最好的夢境
結局從來不會寫在劇本
春天飛不進大門
嚴肅的人生課題正在上演
別問答案此地找不到解題的方法
請把未知的事情努力地祈禱

2015.10.19 寫於成大醫院

原載於《新文壇季刊》第 44 期

印

無計可施的十月
才下眉頭卻又爬上心頭
真叫人無可奈何

不想因為秋風忘了落款
便全然將所有的過往
讓給歲月吞噬

你記得也好失憶了也罷
寫在心裡的那片泛黃風景
依然復刻著我們的誓言

2015.10.20

原載於《葡萄園詩刊》第 209 期

盲 魚

街頭雜遝的腳步聲
引來了小綠人的忙碌
我們都是城市水缸裡
那一群失去方向的盲魚
沒有風景只有被追逐的命運

看不見世界的模樣
卻深刻地感覺十面埋伏的危機
生命逃竄的無影無蹤
眼盲了心也茫了
江湖可有我們安身的地方

年過半百開始嘲笑起自己的人生
盲魚也成了忙茫有餘的代名詞
不知道明天以後的我們
還有什麼心眼能夠撐開世界
看清楚希望的樣子

2015.10.25 生日有感

原載於《葡萄園詩刊》第 209 期

半百拾懷

錯過了人生的交流道
不知何時才能回頭
時間賣力地向前衝刺
睥睨手足無措的世界
幾度夕紅朝暾早已忘懷

安靜的夢境裡藏著沸騰的想望
池中綻開的芙蕖是這般甜美
心無世事地笑看蒼穹
守護的那對天鵝
不屑我滿腔的羨慕

半個世紀過去
已經回不了頭
突然很想長出生日尾巴
掃除以往的那些不堪
為將來留下清淨的坦途

2015.10.25 臺灣光復節

原載於《葡萄園詩刊》第 209 期

夢

好鳥企圖叫醒天空
慵懶的晨光堅持自己的樣子
讓世界慢活腳步輕鬆

秋風飛舞
陶醉的眼眸如此自由
誰不是桃源之王

心是夢的工廠
幸福滋味無價
保固永遠提貨限量

2015.10.31

原載於《葡萄園詩刊》第 209 期

週年慶

5000 送 500 再送現金券 200
紅利點數翻倍折價天天優惠
真是普天同慶引慾出洞

經濟問題報紙名嘴輪番罵
平民百姓中產階級唉唉叫
莫不哀鴻遍野令人鼻酸

踏進百貨公司飆升罪惡感
市集裡街道上又人潮滿溢
矛盾高築思緒起伏不定

當資本主義邂逅了社會主義
我還能夠擁有自己的主義嗎

2015.11.1

遇見駁二

高雄的熱情讓我邂逅了你
秋風停滯腳步
唯見西子灣在遠處招手
八五大樓笑看我們的幸福

享受一個人的下午
德國豬腳堅挺的樣子
像極了希特勒的脾氣
霜淇淋黑糖冰咖啡
企圖佔領我渴望的味蕾
滾燙的重低音
徹底翻轉了我的心情

在杯中留下身影
只為再次的相遇埋下伏筆
寫詩有你

2015.11.3

原載於《新文壇季刊》第 43 期

如夢令

似鳶之舞蹁躚
飛入蒼茫的夢中
娉婷的溫柔
叫雙眸沉醉忘懷

塵緣依依
嫣然的唇印悠悠
是前世的風撩撥了心弦
還是妳那迷人的笑靨不朽

仙境般的竹姿飄逸
瑞氣氳氳
如仕女的姣美
怎不令人陶然神往

2015.11.10

原載於《秋水詩刊》第 167 期

夢　蝶

秋詩寫進了妳的夢
平添幾分的愁緒佔據心頭
教人如何不想妳的美

留佇人間印證愛情不朽
需要幾壺的美酒
才能醉臥天地
我彷彿等待了千年

鼓在風中的雙翼
是那永恆的印記
回眸時
我們彼此相忘於江湖

2015.11.11

原載於《秋水詩刊》第 167 期

鳶尾花的寂寞

鳶尾花已經永恆
你耳裡的囈語
是否還在自言自語
法南的熱情燦爛依舊

將所有的故事緊繫磁心
讓想你的人日日夜夜
在夢中懷念你的精彩

連鬱金香都忌妒的鳶尾啊
梵谷把妳畫進了歷史
妳卻讓寂寞翻牆而出
叫人心情悠悠

2015.11.12

原載於《秋水詩刊》第 167 期

捕　夢

失憶的青春突然甦醒
似幻的悸動
解開了自己的困頓
在月亮淺笑的微暈裡

夜裡幾度夢迴
依然無法放逐想你的念頭
深秋搜捕了殘餘的夢想
企求還原溜走的世界
總是徒勞無功

不斷地輪迴
又不停地回到原點
才恍然明白永恆的定義
就是告訴自己絕不回頭
在季節的挑逗裡
勇往直前

2015.11.16

原載於《新文壇季刊》第 44 期

午茶演義

一杯下午茶容得住多少的心情
隔壁座的婦人好激動的訴說著

從別人的故事說到自己的往事
再由相父教子歌頌至養生喪死

不知不覺夕照包圍寂寞的城市
北風中彷彿耳語著大雪滿天下

2015.11.28 于台北亞都麗緻

原載於《創世紀詩雜誌》第 189 期

驚　逝

太陽詭譎地現身
溫暖了被寒冬包圍的心情
歲末的手已在不遠處招喚
還有多少的曆紙可以遮掩
逐漸蔓延的恐懼

春天是否一樣美麗
這是季節難以回答的命題
不是世界的選擇題
而是夢想的申論題
更多的時候它依然無解

陰雲再次掩去了光華
何時不再為失去的日子癡迷
面對當下成了眼前的是非
懷念像一陣風吹過
回眸雙鬢早已飛白

2015.12.6

原載於《野薑花詩集季刊》第 16 期

冬　影

你看到了我孤單的背影
而我見到了你慢熱的心情
什麼時候世界越來越覺得陌生
從前雙眸交會時的遇合感
如今卻成了叫人無法回憶的夢魘

冷氣團終於現身
愛上冬天的靈魂凝望遠方
夕日濛濛成了一朵早到的春花
引發了期盼天下太平的想像
那文人詩家的囈語

好深的夜色連窗都無法擁抱
床燈微亮企圖叫醒現實的細胞
沉浸在紅塵所釀的夢酒
醉它一世不再低迴
留下背影歲月無悔

2015.12.16

原載於《野薑花詩集季刊》第 16 期

奇　緣

迷途的天使忘了自己的世界
與農田裡的歐吉桑成了知己
人鳥的邂逅在嚴寒的季節中
創造奇蹟這無法以科學鑒定
卻真實地記錄在臺灣的土地

是不是有一種命運叫做依戀
有沒有一首詩歌寫下了永遠
讓耽溺於幸福的翅膀憶難忘
金山不知不覺成了你的姓名
西伯利亞是籍貫不變的故鄉

長夜會過去明天是否會相逢
從來是塵世最難解釋的課題
地圖的一條直線如此地短暫
歸鄉路卻是淒淒的風聲驚悚
留下來吧這裡的人情正溫暖

註：迷航的西伯利亞白鶴來到臺灣，與老農相
　　知相惜。一年以後的深夜誤飛松山車站，
　　由專業人員捕獲妥善照顧。將放飛，不知
　　牠情歸何處？以詩為記。

2015.12.19

原載於《野薑花詩集季刊》第 16 期

深冬夜語

窗擁夜色　無計留月
幾番相思幾度寒愁

風過心情　誰能憑寄
多少愛戀多少牽引

花現夢境　影知何年
怎能忘懷怎能憶迴

時已深沉　也罷
人去矣

2015.12.24 平安夜

原載於《秋水詩刊》第 168 期

網

時間鎖住了殘夢
繡球花迷亂了心情
在仲冬欲語還休的當口

山頭上那凜凜的歲旗
已經揮別了乙未年的身影
霸氣地立地頂天

難逃被套牢的命運
沾黏的成敗能有幾人解脫
任風吹醒遐思

2015.12.25

原載於《秋水詩刊》第 168 期

成功湖畔

湖畔還有讀經的聲音迴盪
那是春天嫵媚時最美的風景
湖畔還有揮之不去的儷影
那是夏日分手後永遠的思念

湖畔林木鬱鬱
這是秋風飄發時
我們在其間追逐的夢境
湖畔水奔天際雲映淵藏
這是冬雪無法探索的世界神秘

那些年我們洶湧於知識的濤浪
以鳶鷹之姿衝出繁景一片
這些年我們年華老去
才看見自己的軌跡如此清晰
夢之湖啊
緊擁咱們的青春

2015.12.26

跨年十行

冷冷的黃昏
冷冷的雲霞
冷冷的眼眸
冷冷的地球
冷冷的歲月
時間被迫停格於樹梢
所有的夢想讓風帶走
剩餘的心情只有新曆知道
跨年時教吶喊的七彩煙火
璀璨未竟的故事

2015.12.31

新年快樂

天空有點曖昧
第一道曙光還在雲外掙扎
起個早向 2016 說聲
新年快樂

微寒的元旦
藏著幾分的嫵媚嬌柔
今年太平有望
期待如長流細水的堅定

366 天的路呀
夢起夢落夢相隨
有你不孤單
直到歲月的盡頭

2016.1.1

冬雨寄情

冬天突然的一場雨
意外地勾起了塵緣

找不到分手的記憶
徒留如迷的詩輕吟

電影裡的結局太美
雨和窗宣告了外遇

水幕遮掩不了淚光
情節仍舊流連心頭

雨的平仄依然熟悉
詩因悲傷頓失韻腳

2016.1.7

王爺過馬路

王爺過馬路，汽機車犯蹕
他老人家徒呼奈何

王爺就要過馬路，紅綠燈不懂得禮數
為了保命只好乖乖地等侯

王爺正在過馬路
違規轉彎的駕駛，瞪了他一眼
根本不知死活的大膽刁民

王爺過了馬路
轉頭瞧了一眼，這些紅塵百姓
深深深深地嘆了一口氣

好久好久不見王爺出巡
某日，聽說有人
在廟裡暴斃

2016.1.13

原載於《葡萄園詩刊》第 210 期

變奏曲

冬風吹醒了宿夢
心情飛翔
方向引逗著慾望
翻騰天際

世界有哭有笑
現實分不清真假
昨日隱身
歲月空走

寂寞拍賣
有誰願意出價
頂讓可以
分租優惠

失速的雪特別凜冽
愛情苦嘗
凝惑了溫度
遐望那鳴春的杜鵑

2016.1.22

原載於《葡萄園詩刊》第 210 期

片　章

窗外的雪布滿了山頭
誤以為那是電影的場景
不真實的心情在風中徘徊

雪飄北方
好像巧遇的愛情
忘我地想永遠擁有

濛濛煙雨
彷彿是甦醒後的一場夢
嚴寒的城市看起來更加蒼拔

2016.1.23

原載於《秋水詩刊》第 168 期

雪　戀

皚雪飄進了心坎
極凍的臺灣別有一番嫵媚

喝醉的霰雪飛舞紛紛
踏歌失色的山巒
還頻頻露出詭異的光芒
奪人眼目

意外的冬季似乎又譜出了戀曲
沒有俊男美女才子佳人
只見山與雪的邂逅
修練出禪的境界在靜謐的時間中

午夜的風聲裡
可有我們期待的結局
激動的窗牖不說一句話
就這樣眺望天明

2016.1.25

原載於《華文現代詩》第 9 期

北上列車

雨在窗外說些什麼
叫淚珠掛滿臉龐
冬日的主題老是變調
雪飄在不該雪的地方
雨落在不該雨的時候
讓心情無處寄語

愛雨是年輕時寫詩的藉口
少年不懂愁味真昧
爬上層樓
企圖擁抱辛棄疾的情懷
在雨襲的時刻
讓文學滋味澆淋

高鐵的喧囂如此跋扈
穿越了幽幽山嶺
與風比速帶走了人生風景
台北盆地隱晦的陽光
刻意逗引著期待
讓夢撰寫記憶留住永遠

2016.1.31

原載於《葡萄園詩刊》第 210 期

夜　驚

北風颯颯叫著
地牛打個寒顫
世界就變了臉

才震醒的書山
被夷成為平地
知識飄零遍野

外面的樓塌了
夜的心跳急促
命與時間賽跑

猴年就要到來
這頑皮的一蹭
三藏可知道矣

2016.2.6 美濃地震過後

原載於《華文現代詩》第 9 期

愛 情

都是寂寞惹的禍
愛情的紅綠燈閃閃爍爍
就是有人勇闖它的禁地

冬風欲言又止
花信早已暗藏春意
世界靦腆如靜湖
思念卻似火山激動

亙古不渝的愛情定律
沒有人逃離公式之外
只有難解的答案
叫人嗟嘆

2016.2.10

原載於《秋水詩刊》第 168 期

以愛相隨

——悼台南震災受難同胞

這一晚地牛突然翻身
壓住了年節的氣勢
那醉倒的高樓
橫躺在單薄的永大路上
淒冷的風颯颯地吹著

瞬間的巨變
台灣的番薯精神復活
救難的弟兄從四面八方匯聚
以手以意志以同胞愛
在斷垣殘壁中尋找生命

時間無情地溜走
被困的靈魂徬徨
還要多少的力量才能喚醒
那已逐漸消失的夢想

驟降的夜雨止不住哭泣

祈禱奇蹟在黑暗中閃耀光亮
大鋼牙能夠咬出等待的希望
此刻的一切無論
是汗水是淚水是雨水
都有我們的愛相隨

2016.2.11

原載於《葡萄園詩刊》第 210 期

冬風賦

野風怒號呼呼地催促
吹落了窗前夢羽幾許
任憑軟弱的陽光牽引
就地做個吟遊的詩人
讓意趣飛翔翻越山嶺

突然一陣響雨疾律令
驚醒了沉思中的靈魂
抬望眼竟是樹鳴葉颯
似歐陽永叔賦作復活
而吾感冬風更加醉情

你說寒風冽情易塞懷
我道秋霜起讓心飄零
未若白梨花啣冬帶節
靜空聽心又超凡入聖
何苦叫愁雲罣礙悠悠

乍停的風叫世界凝神

一曲高歌滌蕩了豪情
北地的雪季依然舞夢
且讓我們相忘於江湖
擲地有聲堅定冬的臉

2016.2.28

原載於《葡萄園詩刊》第 211 期

詩　傻

別讓天空笑看我的傻
忙著追逐生存的遊戲
卻遺失了原初的自己

別叫清風吹散我的夢
殘缺的世界苦苦相逼
桃源是最後的避風港

避風港隱遁而天下依然滄桑
無端的北風放肆地狂吹
叫自己如何尋找自己

微藍的天空裡是否還有我的心情
已經難以確定它的存在
而我的傻卻依舊笑擁春天

2016.3.3

原載於《秋水詩刊》第 168 期

迴

易安居士的聲聲慢還在低吟
太白先生的蜀道難呀
仍舊艱辛
誰說赤壁無情
歷史還得向它致敬
夢一樣的時間
將生命磨練得警醒
國破家亡也好
放逐貶謫也罷
都是一個爐子蒸炒出來的料理
酸甜苦辣蘸些悲歡離合
滋味總是不變
我們讀了又讀
也都嘗了又嘗
掩卷時,窗外細雨紛飛……

2016.3.13

原載於《葡萄園詩刊》第 211 期

小燈泡

在這渾沌難懂的俗世
我們擁抱著一顆不確定的心
行走看似寬廣卻是這般窄小的夢裡
天天祈禱美麗未來的出現

而我們
等到的卻是小燈泡熄滅的消息
在自稱文明的首都裡
用著如同恐怖份子的手段
奪走了以後還要大放光明的她

母親的淚水是流不盡的愛
不懂為何有比天災殘忍的事
難道他沒有媽媽
難道上蒼縱容他
還是命運要消滅這種無恥的人
犧牲了這樣可愛的笑容

小燈泡已經遠去

留下她的笑意溫暖冰冷的人間
她的光芒燦亮依舊
照耀她所摯愛的世界

　　註：前幾天，台北發生駭人聽聞的女童斷首新聞。凶
　　　　嫌隨機殺人，犧牲了可愛的「小燈泡」。痛心之餘，
　　　　以詩爲悼。

2016.4.1

旗　袍

是誘人的一朵花
盛開在泱泱的國度裡
受到千萬心靈的呵護與疼惜
這是中華文化最美的印記

就像燕子剪裁的一襲夢
在春天飛舞的當口
婀娜它如燕尾戲雲的神韻
被典藏在為它陶醉的眼眸裡

溫柔甜蜜的色彩恰似仕女的笑意
不需過多的渲染依然有著潑墨的情境
教人午夜夢迴時懷想它的美好
多麼愜意的詩心
讓愛悠悠的平仄

總是忘不了的形影
讓你我牽繫著這一朵朵深刻的美麗
有民族的記憶亙久彌新

更有生命無法遺忘的感動激盪心頭
這令人愛戀的神衣

2016.4.5

本詩榮獲《全球詩歌創作徵文比賽》優秀獎

雨　悸

瘋狂的四月雨
驚醒了春天的夢
暮色啣不住沉重的心情
徒讓路上過往的喧囂
吞噬了僅剩的感動

有沒有一種特效藥
可以治癒思念的痼疾
在四季忘我的輪迴中
摘下對於你的記憶身影
永遠收藏在徘徊的心裡

曾經走過的年華成了不變的風景
歲月烙下的情痕深刻依舊
叫人如何不想那些青春的美好
被偷嘗的慾望已經不朽
而我們卻坐擁衰老
在不知不覺中出賣了單薄的靈魂

總是命運高唱著凱歌
卑微人們的慨歎
只不過是空中飛散的蚊鳴
會有誰在乎那些曾經的存在
明天以後雨是否再來
已然不是今夜的課題
而夢仍然悠長

2016.4.14

原載於《野薑花詩集季刊》第 17 期

初春十四行

風鈴花悄悄在枝頭笑看世界
幾度回眸誤以為跋扈的北風
佔據了妳的心囚禁了妳的夢
當夜幕籠罩寒顫中的春之味
關不住的意志如此洶湧澎湃
號角吹醒了徬徨的雙眸炯炯
英雄樹昂揚依舊旅人漸遲暮
等待是寫不盡卻純釀的相思
還有多少的詩文為癡情歌頌
無論是聖是仙是佛都已了然
獨不見詩傻洞徹紅塵構圍謎
臨淵探魚只漾空鏡一片茫茫
過午的太陽羞怯赤裸的心事
期待黃昏的溫柔叫住了傷痛

2016.3.19

原載於《葡萄園詩刊》第 211 期

解 盲

解盲 解盲
大家越解越茫

有人為蒼生而解盲
有人為利益而解盲

佛曰空道說無
儒叫仁法用刑

這個生病的世界
可有心藥來治療

沒有真相的方向
如黑夜中馬拉松

何時可以為困頓而解茫
好忙 好忙

> 註：原本為人類而研發的新藥解盲（蒐集
> 資料分析結果）失敗，卻牽扯出股票
> 內線交易的醜聞，令人不勝唏噓！

2016.4.18

企鵝的眼淚

南極的溫度
再也承受不住你的眼淚
傾洩成了汩汩的江海
純天然的悲傷
卻是人為的證據

冰山學會了瘦身的時髦
以各種的姿勢在海上起舞
你的偶像北極熊
憔悴地在雪上恍神流浪
食物成了遙遠的記憶
怎麼想像都不曾有過這般的夢境

狂風暴雨形容不了地球的狼狽
失心的暟雪急飆的熱氣
茫茫然的狡猾人類
這一幅紅塵俗世圖
連神看了都笑了

被詐騙的理想已經枯萎
還有哪些靈魂依然清新如泉
欲語還休的天空惆悵
焦躁的歸鳥心裡明白

2016.4.24

原載於《華文現代詩》第 10 期

五月遐想

安靜的五月
讓人愛上她的嫵媚
湛藍的天空盪漾著夢的笑意
悠悠的情懷啊
在風中飛舞

被心情思念的人呀
你的夢裡可有我的身影
如夏的激情已經綻開
熊熊的烈火開始燎原
唉唷！我的夢中人哪
何時才能摘下那顆成熟的夢果

川中的水呦
為何只能涓涓細流
是熱情將你蒸發
還是早已哭涸
不明白的季節疑惑地問著

轉角處沒有了你的蹤影
風就要轉身離去
五月依然靜靜地笑看
這一齣人生
永遠無法寫下結局的短劇

2016.5.8

原載於《華文現代詩》第 10 期

碑　林

一塊碑馱著一段歷史
走過悠悠歲月
從來不言辛苦

聖諭也好記功也罷
就屬您最長壽
寫的人都被時間吞沒

早已學會了孤獨
在冷冷的碑林中
做著自己的霸主

2016.5.15

原載於《創世紀詩雜誌》第 189 期

見外勞扶老者散步

當我老的連走一步都如此艱難的時候
親愛的，請讓我原地站著就好
因為我已踩不動世界的笑容

當我老的連走一步都這樣痛苦的時候
親愛的，請讓我坐著就好
因為風景早已換幕又何須強佔今天的夢境

當我老的連一步都無法成為步伐的時候
親愛的，請讓我倚窗躺臥就好
因為這個姿勢最相似陶潛的模樣

當我老的像極了石雕的時候
親愛的，請讓我選擇自己喜歡的 pose
笑看這一輩子糊塗地活著

2016.5.16

想

偌大的教室
還能聽見心跳聲與孤獨共舞
炎炎午後
唯有窗牖還看得見心情的焦躁
無風的季節
日子特別敏感
想你，是這樣的時刻裡
最美的功課

2016.5.19

原載於《新文壇季刊》第 45 期

鳳凰情緣

鳳凰花燃燒了我的心
你依然照耀我的愛
卅年的牽手情意
與日月相隨

鳳凰花顧盼在枝頭
旗招笑擁幸福
快樂寫在季節的臉上
世界陶然於夏夢

鳳凰花展翅於天空
南風悠悠共舞
不羨大鵬扶搖直上
但懷今生亙久摯意

鳳凰花翩翩歸巢
家是永遠的音樂盒
歡喜地上緊發條
歌詠這一世美麗的情緣

2016.5.28

初夏十二行

白雲與阿勃勒唱和
天空靜靜地傾聽
日子被季節燃燒
理想徒讓現實蒸發

突來的一場雨
黃雪飄零如蒼老的夢
風捲心情猛然驚醒
六月的離愁

欲問帶淚的鳳凰
單飛又為哪樁
是無可奈何
還是千山我獨行

2016.6.2

原載於《創世紀詩雜誌》第 189 期

端午偶記

光與影交會
我看見了夢的笑靨
漸漸甦醒的窗
曖昧地暈開了想望

雨洗端午
多了幾分的嫵媚
屈大夫的痛苦暫時有了休息
龍舟為他衝刺

世事從來不會自己解謎
卻讓我們為它背書實踐
九流十家擒不住思想
徒叫生靈都成了嗜賭的豪客

窗依然靦腆羞澀
換了妝的世界
可還有我收藏的喜樂
在夢醒之後

2016.6.9

原載於《創世紀詩雜誌》第 189 期

星　情

摘下夏夜中最燦亮的一顆星
送你，在旅途中還有我的陪伴

在生活的漩渦裡掙扎
容易忘了自己，那些
曾經熟悉的臉孔
曾經美麗的心情
曾經盛開的花朵
陌生地像是過了氣的一場夢

不再被注視
不再被擁抱
不再被提起
漸漸地模糊了記憶
慢慢地消失了蹤影
在人潮最洶湧的地方

今晚，你終於告別了糾纏的日子
不需要按圖索驥

仍舊可以找到自己的樣子
讓微風重新書寫新的劇本
行囊中的那顆星為編導
在黎明到來的時刻
迎接這個世界
釋放的第一道光芒

2016.6.23

原載於《秋水詩刊》第 169 期

夜　歌

雨一直下著
窗牖不斷地淚流
濛濛的天景欲訴還休
何時悲淒可以暫歇

尼伯特的夜晚只有風雨為伴
被驚醒的睡夢再也回不去
聽風聽雨更聽見自己的心跳
在這樣孤寂的深夜裡
與黑秘的天幕相對

不知道世界撐開了眼
會是如何的表情
心情暗禱著確定是困難的
把握不住的未來
從來都是生命的課題
今夜最是如此

有風有雨是真實人生

又何須為它擔心
且讓今夜慢慢通過
越過了山頭
我們將揮別淚水

註：「尼伯特」是今年第一個颱風，也是超級強
　　颱，橫掃台東、穿越中央山脈，損失嚴重。

2016.7.8

原載於《秋水詩刊》第 169 期

戲　夢

夢走在記憶的邊緣
若隱若現卻也欲言又止
想告訴你隱藏的歲月裡
世界是如何將自己改變
命運跨出的每個步伐
怎樣讓人生風景轉換如跑馬燈
以前那些來不及說的心情
在夢醒時分全部歸還

好生銳利的雨刺穿了晨謐
風不斷地拍打記憶的窗牖
說好的別讓夢知道的秘密
為何在洗練的雨幕中倒映
絮絮叨叨的聲音裡播放著
屬於我們才能擁有的夢囈
空洞的眼深閃爍希望的笑
多麼不切實際的日子傻過

不想甦醒的往事
此刻都猛然驚起
最擔心的激情反而有些怯懦

雨的哭號風的張狂
將夢推特的更遠
只有這樣的距離可以看得清楚
我們擦身而過的那道窄門
是這般地詭異

濺起的水花是變形的煙火
是慶祝分手的成功還是為了
短暫的相識而飛舞
在風雨中已然無法分明
那一盞退場的街燈
孤守著自己的領域
是否堅持等待天空重現
將最後的餘溫奉獻

強颱過後的遺憾
連夢看了都心碎
只好把記憶的城垛隱去
徘徊就成了思念的程式
進不了門的美夢剩下嗟嘆
還有誰會在乎這是不是真相
窗外雲翳杳杳
雨就這樣下著

2016.7.10

原載於《華文現代詩》第 13 期

海豚的眼淚

茫茫的大海上
我擁有無限的天際線
任心自由讓情飛翔
游出最美麗的虹弧

不知何處襲來的尖叉
刺穿了我的腦我的思想
我的身體我的愛夢
還有對人類那奄奄一息的信任

潸然的最後一滴淚
是感激愛我的人他們的疼惜
也是哭訴這殘酷的世界
無法說再見的告別

2016.6.11

原載於《葡萄園詩刊》第 212 期

麥當勞奇遇蘇東坡

弔詭的雨
在陽光轉身之後輕唱
還來不及整理自己
心情立在窗前放空
任世界變化無常
咖啡香帶我飛翔

連日的陰晴不定
任性的天空叫人咄咄
每一口漢堡似乎想要吞下無奈
雨不停歇情感也無法休息
微苦的記憶都溶入了窗櫺

無所謂了
推開玻璃門風也來相送
雨的節奏頗有幾分的輕快
今晨的美麗依舊
蘇學士已在路上微笑

2016.7.12

原載於《秋水詩刊》第 169 期

母親的珍藏

一件綠格子的毛絨衣
輕輕地套在小孩的身上
嘟著嘴不情願的臉
是衣服的老樣
讓視覺脫離了現代
還是歲月的氣味
叫嗅覺浸淫於歷史的無奈
尷尬的母親臉上的年輪旋轉不已
身旁的兒呀懂得這熟悉的色味
這裡藏有親娘呵護的心情
這裡烙印著永遠不變的記憶
抹不去的是娘對兒的愛意
小孩不曉得的祕密
都收攏在母親溫柔的一句
「孫子啊！這是你爸爸從前的新衣呢」

2016.7.13

情 漾

芭蕉搖曳著咖啡館
好鳥呢喃耳語暮夏
停雲悠悠
思念的佳人
在天一方

乍雨還晴情漾寰宇
殘滴翔飛忘凡凌空
風過匆匆
思念的麗人
在我心中

夜詠幸福鶯啼快樂
星月對吟此興何極
詩心盈盈
思念的伊人
在愛夢裡

2016.7.19

原載於《葡萄園詩刊》第 212 期

社會近況速記

心情像極了誤射的飛彈
等待一個不確定的目標

總是猜測門外是晴是雨
眼眸裡盡是反差的答案

不想飛了不合理的工時
航空小姐吶喊都市大道

我們的島突然瘦成了礁
只要仲裁就可變成苗條

炸彈客想試試爆破威力
毫不猶豫以身親擁火藥

那輛車就這樣悶燒起來
來不及的歸途隨煙消散

提款機忙著送給人幸福

不需密碼只要遠端控制

明天是否又是新聞漫筆
誰能掌握世界喜怒哀樂

2016.7.23

原載於《葡萄園詩刊》第 212 期

今夜無眠

城市都已入睡
窗上的那雙眼失眠中
心情彷彿盛開的曇花
夜愈深愈燦爛

難道記憶也有著輪迴
也有自己的成住壞空
把它忘掉的不二法門
依舊是生命的一個謎

夢想要立地成佛
常常是滿天的雲霓
五顏六色總是弄不清楚本色
醒來只有窗外一片的黑

縹緲的理想成了哲學的囈語
呱噪的思想家都得掛上急診
理論長滿了病毒
吞噬的卻是凡夫俗子的益生菌

聲叫人難忘

天報紙上的文字那麼會咬人
掩卷時心頭還真的痛楚
看過的以後都變成了老花眼
嚴重的還可能加蓋一層白內障

光怪的消息陸離的事件
像一場電影在腦海裡盪漾不已
散場時心情已然暈片
欲嘔的尷尬正上演

註定是要失眠的在這樣的夜裡
滿滿的社會事件就像冷冷的槍聲
聲何時將醒
那回不來的美夢何處尋覓

2016.7.27

原載於《野薑花詩集季刊》第 19 期

眼科觀察

——陪內子手術

看了太多的世界
所以迷離了雙眼
老者表情茫茫然
那是歲月的遺韻

手術室氣氛詭異
醫生的刀霍霍響
家屬的心直直跳
時間被冷氣凝結

告別白內障以後
是不是前景將好
美麗可以不凋謝
我的眼正思考著

2016.8.1

原載於《葡萄園詩刊》第 212 期

寶可夢

我們都住在虛擬的世界
不分黑夜還是白晝
夢依然在遠方挑逗

精靈攝住了真實世界
讓人們忘了自己的樣子
在路上如僵屍般神遊

掉進水裡撞車傻笑的有
失眠被手機鎖定的有
將明天遺棄的有

寶貝可愛的夢
你是如此的迷人
卻也吸住我們的魂

2016.8.8

原載於《葡萄園詩刊》第 212 期

懵

時間睡著了
沒了滴答滴答的催促
烘焙的世界多了幾分的清冷

總是午後的雷陣雨醒著
趕集的雲朵翔飛
卻帶不走凝沉的心情

黃昏的夢正在鋪陳
是誰讓它懊惱
又是誰叫它傷懷抱

今晚是否還有星空眷戀
期待的感覺好生讓人著迷
留住美麗典守永恆

2016.8.25

原載於《華文現代詩》第 11 期

賞　夜

隔著一扇窗
外面的世界立體了起來
像我這般的凡夫俗子
以紅塵的眼永遠看不透
夜的美

夜的美在微風中輕漾
迷一樣的顏色
叫人陷溺
如何不想它的好
憶難忘

憶難忘
真心對待的人兒呀
朦朧的秋月笑著你的傻
不懂夜的網是一張解不開的索
緊緊擁抱那欲飛的愛

2016.9.18

原載於《秋水詩刊》第 170 期

雨　夢

下雨了
卻莫名地多了一些心事
昨日清淡的日子
陽光照不醒懵懂的心情
這場意外的秋雨
怎讓逝去的想望又揚起了心帆

那被人潮沖洗殆盡的記憶
在遠方載浮載沉地靠近
午睡再也無法潛遁
窗外的雨絲紛飛
斷斷續續的響雷還在心弦上彈跳

懷疑自己的中年故事是否提早結束
那些曾經屬於青春專利的問號
都被拿來晾曬脫水過後的歲月
蒸發的可是被驚嘆號棒打的夢想
徘徊於句號面前的
是不是一直無法確定的人生

微涼的雨聲寫成了模糊的散文
有一些些的淒美
還有一點點的寂冷
倘若生命的寫手鎮不住
平仄跳脫的步伐叫紅塵老去
誰還會相信這部斑剝的小說
曾經是散文突變的異想天書

又是悶雷一記耳響
翻醒此季忐忑無住的心情
傷懷的人註定必須放棄回眸的身段
才能笑向天涯無懼前程
如夢在雨中

2016.9.3

原載於《華文現代詩》第 11 期

雨　思

細雨紛飛勾連了夢想幾許
秋回的心情在停雲中徘徊
記憶殘留任天空飄蕩
無語的世界依然沉默
沉默是今晨的雨……

雨在淒迷的風中飛散
濺溼了無所防備的紅塵
不知怎地，心情
也隨著窗景而空濛了起來
乍晴還雨的日子特別犀利
飄浮的思緒總不免自導自演
散場以後，流連的故事叫人糾結

企圖駕馭一首詩，飛翔
無論是風是雨還是麗日當空
詩境裡只有我的快樂
別人進不了這禁錮的心房
無畏那不可及的地平線挑逗

哪怕就要墜入黃昏

期待這一場雨在夢中離去
思念的倩影倒映窗牖
靜靜地與曼妙的世界徜徉
讓所有的回憶都鐫刻著
雨的印記

2016.9.15 中秋

原載於《野薑花詩集季刊》第 20 期

在錯置的季節中兀醒

甦醒的秋天
開始在心室裡鼓起遐想的歌
有莫蘭蒂的曲子
接著還有馬勒卡的調頭
將沉悶的世界
從喪屍般的寶可夢中
救贖回來

難以理解的風雨
總是出現在無所防備的時刻
有幾人懂得欣賞這樣的邏輯
就像中秋說好的月圓
瞬間變成了殘缺的掛圖
夢已無法成夢
寶貝也消失無蹤

當期待突變為恐懼
心裡的寫意跳脫成現實的痛
這恍恍的世代

還有幾人醒著
屈大夫已經千山我獨行
江底那汩汩的玄音
可是為今日天下而鳴

　　註：「莫蘭蒂」、「馬勒卡」是今年九月中秋連袂而
　　　　來的颱風。

2016.9.16

原載於《秋水詩刊》第 170 期

永遠的松風

──敬悼前輩魯松詩人

有一種風，可以讓人四季如春
有一棵樹，能夠常青被譽為松
有一典範，形式巍峨傲骨由衷
啊！這永遠的松風……
飄蕩詩海　激揚世鐘

想念您的風，它會掀疏簾偷翻書卷
懷念您的花，它一枝獨秀勝過繁華
感念您的雪，它能半含冬景半尋春
思念您的月，它將桂花煮酒夜夜心
中秋的夢賢居　難忘的風景線

夜又悄然升起
在漫天的星斗裡
讓我們想起了您的笑容
如辰輝耀空　似松濤驚谷

黎明將醒就要揮別
您如旭日翔飛的身影
鐫留在葡萄詩園

2016.10.5

原載於《葡萄園詩刊》第 212 期

愛在煙雨濛濛中

窗外煙雨濛濛
幾度誤認春天再來
當風聲一吼
欸！終於想起了季節的容顏

雲依偎著天空形影不離
叫眼眸羨慕幾許
微涼的日子裡
盼望有你的出現
就像窗前飄逸的煙雨

當回憶成了這一季的獨唱
夢是否已在思念中和鳴
愛在心情裡燃燒
失蹤的星辰早已乘風離去
再多的宣言
都化為無字的序跋
隱藏曾有

變調的季風說些什麼呢
想你的景色還在逆風中款擺
適合讀你的日子
難道因為風聲呼呼
就被吹得不成全形

收攏你美麗的身影
永存雲端倒映天際
讓風又起時
窗外依然有你

2016.10.8

原載於《新文壇季刊》第 46 期

雙十俳句

假期的雨特別甜美
沒有趕集的心情
也少了焦慮的辦公室

陰霾的國慶日
想念踢正步的年代
是年輕時侯的夢

十月有點冷了
秋還捨不得離開
日曆越來越單薄

棒球季後賽正夯
紅不讓滿天飛
熱鬧了殘酷的世界

愛上命中的老花眼
雖然模糊了別人
卻清楚地看見自己

2016.10.10

無聲的世界

沒有翅膀的語言在空中穿梭
白居易鍾愛的無聲
此刻，終於在眼眸裡出現

沒有符號的文字竟然如此美麗
依著獨門的抑揚頓挫
在彼此的心裡詮釋真理
誰說有形的才是絕對的存在
聽不到的夢也很飄逸

沒有了紅塵的剩餘廢言
讓心靈更加純粹潔淨
太多的俗事網住了真話
偶而地比手畫腳
卻成了一種意外的享受

沒有紛擾的桃源已無蹤影
無聲無息的白居易
杳入蒼冥，睡去

2016.10.16

原載於《葡萄園詩刊》第 213 期

在記憶的深處

微弱的燈光將影子囚禁
任時間在音樂中流轉
黃金葛終於失去了顏色
心靈迷途還在尋覓方向

是否想起了自己的樣子
記得將它剪下放在心上
這變調的世界容易遺忘
留不住熟悉的形象
卻飛快地粉碎所有的真相

一句話很輕卻很有重量
倆個人可以契合也能夠秒殺
三件事糾葛從此沒完沒了
你還期待人間四月天嗎
主角已被寫入愛情的史記

左腳才想出世
右腳又陷溺於閻浮

夢醒各半的俗客
可還藏有絲縷的心情
在離去的時候
回眸依舊

2016.10.27

原載於《葡萄園詩刊》第 213 期

芝加哥夜未眠

一百零八年的等待
一世紀又過八年的盼望
當年的那一隻山羊
是否親眼看見了世界大賽的獎盃
已被可愛的小熊擒住

幾乎就要吞敗的賽事
叫人不得不屏息以待的僵持
卻在絕望處再度逢生
頑皮的小熊在壘上追分
不屈地邁向成功

今夜,為上一個世紀關閉失敗
明天,勇敢地替這一代立下典範
芝加哥的瘋狂
小熊的笑淚
都成了歷史上最美麗的印記

註：傳說美國職棒芝加哥小熊隊有一個超過百年的「山羊魔咒」,當年牠和主人在世界大賽被驅逐,而立下了小熊不能贏球的咒語。而今,小熊在一勝三敗之後連勝三場,終場以一分贏得大賽,魔咒破解。

2016.11.3 記於美國職棒世界大賽後

原載於《葡萄園詩刊》第 213 期

飄零如昔

平靜的窗子瞅著我的冷峻
不由自主顫起了哆嗦
乍暖還涼的季節
任誰也弄不清未來的樣子
幾聲飛禽帶不走世界
徒留夢羽飄零如昔

期待又是一場雨
雨中的清醒讓情殘酷
可有人為傷懷而停夢
不如道上一曲高歌
未識的過客或有戚戚
而誰又能為誰枕心

也許黑夜褪去了自己的顏色
還擁有模糊的身影江湖行走
這個星球自轉以後
我們又能為單薄的它歌頌些什麼
只聽野風狂襲肆吼
窗依然保持個性的姿態

2016.11.4

原載於《葡萄園詩刊》第 213 期

失落的十六行

寫不進心情的快樂
總在秋紅時被楓景收錄
飄零後還有一抹微笑
烙印天空

世事翻轉如風
說不定的生命大戲
會不會被人們演成了鬧劇
歲月佇立已讀無回

該繼續保持自己的中立
還是收拾一些季節的殘片
讓戰慄的理想不如歸去
這弔詭的世界

時間偷走了剩餘的心情
幻化為水仙顧盼湖濱
不朽的臉龐逐漸老去
停雲跌落紅塵夢散

2016.11.15

原載於《華文現代詩》第 12 期

寂寞不回

颯颯的冬天寂冷
微雨牽引著心情
彷彿曾經的守候
都成了南柯一夢

那禁錮的陳年往事
叫北風喚起了記憶
誰的眼淚讓它不朽
旗招飄飄欲言又止

呼嘯而過的夢想
吸引錯誤的眼神
徒使春天苦等花開
歲月卻倉促地逃亡

莫讓寂寞湧上了心頭
一旦攻至巍巍的岸巔
就無法叫它勇敢回眸
任憑世風狂妄地吶喊

2016.12.2

長　大

當年的那一群小孩
都已是池中那朵朵盛開的蓮花
被風宣告的是他們無染的笑語
和青春的夢想唱和
吹皺的卻是我臉上無盡的滄桑

多年的記憶太過沉重
禁不起一句問號的重量伺候
便碎成了滿地無法拼湊的歲月
老花眼加上佝僂的樣子
連鏡子看了都搖頭

他們的成長與我的衰老成了正比
而我腦海中的他們
卻一再地開了根號
我知道總有一天
會在不知不覺中失去了你們

孩子長大了

他不讓你牽手的時候，你已經知道
學生長大了
驪歌唱得嘎響的當口，你心裡明白
我也長大了
爬完一樓的階梯唏噓，你終於頓悟

2016.11.22

原載於《華文現代詩》第 12 期

渡　夢

遲到的冬天徘徊
叫春的舞步有了些許的靦腆
超級月亮就這樣吞噬了游移的夜晚
看不見季節的眼淚婆娑
唯有滿園子的風啼耳語

想你的時候
牆壁上的日子越來越發單薄
心囊裡的俗事反而變得沉甸
難解的命運將人困在時空
徒讓失序的世界詮釋歲月

當窗牖包圍了夕紅
回憶也已經佔領了心頭
擔心風中舞踴的夜
牽引起飄然的思緒
轉身讓黑的跫音蔓延

心的樣子在黎明前甦醒

依然是亙古以來的滋味
任晝夜如何咀嚼
不變的期盼
依然渡我以夢

2016.12.10

古城餘韻

天空中的那朵停雲
將滿城的寂寞攝住
任憑北風如何挑釁
都不能推移它堅定的意志

同治的砲陣已成了絕響
道光的樓門已鏽滿了史蹟
斑駁的背影馱著淚痕
遊人的憑弔唏噓滿懷
這樣的清晨只有翔鳥知情

被強風搜刮的老樹
掩不住年輕人的笑語
任憑滿地的陽光揶揄
也無法為自己的痛楚辯證
這青春的勢力

也許孤獨是一種傳染病
站在你的身旁突然感傷填膺

解剖了歷史的心情
雲畫的天空倒映的
是我們企求的未來

　　　2016.12.24

雨中即景

洗鍊後的阿勃勒，真美！
雖然有些凋零，那雪般的氣質
令人情懷難禁

梅雨下的堅定
解開了福爾摩沙的困惑
溼漉漉的幸福，處處洋溢

烏雲被時間追逐
在半空中飛舞，忘我地
留下驚嘆的眼神

星期天的夢，有滴答聲
那是蕭邦和巴哈的協奏
在窗外混音唱和

2015.5.25

原載於《秋水詩刊》第 164 期

雨中聖誕

聖誕老人在雨中降臨
絲毫未損的笑意洋溢了花園
冷氣團吹不走節日的熱情
如雪的情境飄逸叫人駐足

一年走到盡頭
是否還有當初的心情依舊
新的期盼是否像聖人的到來
舞動了世界真主名受顯揚

乍醒的冬風輕拂塵夢
幾許的祝福從心中走過
也許轉身以後
又見最像天堂的地方

2016.12.28

聽　風

窗子被催促地愈發激動
季節的雙手捧起了雪氣
灑遍等待跨年的心情

連陽光都慵懶的假日
只有刺骨的感覺叫人心動
無聊的馬路
聽不見忙碌的嘆息聲
用力打了個呵欠

結束了這一稔的計畫
聞不得的你又急著吹醒新曆
雖然它害羞地拒絕
但仍猶抱琵琶般地憨笑

世界突然保持沈默
你卻忘了道別就悄然離去
窗牖一派輕鬆地放閃幸福
彷彿無關歲月的更替

2016.12.18

原載於《海星詩刊》第 23 期

夢　旋

心情像一張攤開的稿紙
任由狂傲的野風書寫
可有人看懂字裡行間的意義
請為它立下永恆的註解

大風起兮，雲朵被碎成了亂絮
力拔山兮，盛氣阻卻了夢想
虞姬呀虞姬，無奈至今
英雄美人的故事總是傷心
這叫千古難斷的情絲

秋天邂近了心情便成了互愁
落難的愛情裱褙在史冊
記憶就擁有了堅定的滄桑
四季從此輪迴不已

風停了文字也已填滿
畫上句號任夢飛翔
詩人神遊憑心追風

2016.12.31

原載於《秋水詩刊》第 171 期

夢　留

想你的風吹醒了沉睡的夢
褪去繁華的壁曆
還留有幾分孤芳的嫵媚
歲月輕唱溫柔

詭譎的時間在季節中拔河
讓萬物悄悄地改變
哪怕只是淺淺地一笑
夢就消失了蹤影

冷冷的世界
這樣看著戚戚的我們
還要輪迴幾度的春夏秋冬
才能讓夢永恆

2017.1.1

原載於《秋水詩刊》第 171 期

詩人老了

詩人老了
就劈成柴火
繼續燃燒未竟的夢想

柔翰禿了
就當成鋼筆
仍舊篆刻著尚未撰畢的心情

眼睛糊了
就想成萬花筒
依然在心中欣賞自己的滄桑

如果世界也老了
那就嘴裡叼著一根煙
翹著二郎腿順便摳摳詩垢吧

2017.1.3

原載於《葡萄園詩刊》第 214 期

赤子心

在歲月的催促中長大
卻在日夜不休的替換裡
逐層建構五顏六色的面具
終於失去了自己

無知的小孩變形為大人
被虛擬的世界餵飽
生活就成了孤獨的製造機
徒讓心情躊躇

於是我們開始胡鬧
企圖推開寂寞的門
在田野中奔跑
在清溪裡嬉笑
在山的懷抱撒嬌
在海的呵護睡去

醒來以後又回到單純的年代
唱那首印記著我們的歌

2017.1.18

原載於《葡萄園詩刊》第 214 期

安平夕照

遠處的地平線婀娜
閒雲幾朵悠然飄過
浪濤莫名地激動起來
粼粼波光是這般耀眼

亮點在海上掩映著滄桑
歷史仍舊婆娑著小鎮
古堡無言成了歲月的記憶
砲口的方向早已迷途
徒讓野風嬉飛

美麗逃不過遲暮
還來不及收藏的故事
任由時間消失了蹤影
文字所烙印的夢
在句中輕輕呢喃
時時都有安平的嫵媚
浮上心頭

2017.1.21

原載於《葡萄園詩刊》第 214 期

過年須知

大掃除的時候
務必在過去的塵埃中發現
消失的記憶
這樣才會精確地放棄那些
令人傷心的微粒

除夕的時候
當圍爐的火蒸飛鍋中的氤氳
就讓它翻騰舊年的盼望
初一爆竹擊醒桃符
直到元宵蜂炮驚蟄新想

2017.1.26

原載於《葡萄園詩刊》第 214 期

塞車手札

時間突然變慢
心情反而加急了些
世界依然笑看著我們
我們習慣被那些毫無意義的停留
封錮了自己

廣播電台釋放了音樂精靈
讓不透明的窗子
有了穿越的快樂
廉價的幸福在空中迴響
原來我還是這城堡裡的王

2017.1.30

載於《葡萄園詩刊》第 214 期

著　迷

夜已深了
夢也迷離
那陶醉河畔的琴手
是否找到了夢中伊人

輕雲爬梳著望月
可還有寄託的心情望歸
等待是那穿不透的夜空
朦朧的愛叫星黯淡

寒流悄悄突襲
夢境隱匿令人惆悵
潛藏心底的那首詩
何時才能朗讀為你

2017.2.8

六　行

地震後的一場雨
勾起了驚濤的思念
暗夜寒風如此逼人
不知另一個世界是否
讓那遠去的笑容依舊
燦爛如昔

2017.2.12

車　站

接送的汽車走了一輛
又來了一輛接替
來去之間除了匆忙
似乎還有遺落時鐘下的
背影依依

開始與結束只是時間裡
兩個交錯而過的夢
有時天涯彼此
讓孤獨躊躇滿志
偶爾合體同心
叫幸福挺拔飛揚

快樂過後狼藉的心情
總是還原不了自己
別離的眼淚淘洗不盡相思
引擎啓動頻頻回首

2017.2.20

再遊鹽山

在北風的婀娜裡
重溫過去歲月的心情
台南的滋味這般幸福

蒼髮微禿是你的印記
陽光婉約輕拂了臉龐
彷彿幾世的因緣
都融在這座山的胸懷

嘉南平原的笑語耳際迴盪
多少的記憶因風而起
大海放逐了它的寂寞
天空敞開了它的夢想
而我，時間的旅者
悠悠遠眺

2017.2.28

晨牖夢啼

窗外陰冷天空一片沉寂
北風無語悄悄飄過眼簾

等待春天來到枝頭
隱居的風鈴花不響
杜鵑在微雨中哆嗦
英雄樹上木棉縹緲
靜謐的季節叫人忐忑

聽聞北方戰事將起
過慣太平的細胞開始分裂
狂傲的領導讓世界沸騰
被和平放逐的生靈
也只能在風中興嘆

寫詩可以治療社會恐懼
彷彿是過時的傳說徒留迷惘
喜歡夢的感覺纏縈心懷
不必落款它就專屬於你
深印永恆的樣子

　　　註：是日，北韓又射導彈四枚於日本海，南韓開始
　　　　　佈署薩德飛彈，引發大陸禁韓效應。

2017.3.8　　原載於《秋水詩刊》第 172 期

劇　本

人生的劇本自己書寫
主角也由自己扮演
配角就一切隨緣
情節只能依著上帝的意思發展
無法預知收視率
但可以自由選擇喜歡的方式
結束故事卻又彷彿不是這樣
意外頻仍連命運也失控
最終顛覆劇本的是
那殘破的劇本

2017.3.15

醒　春

滿地的木棉花是誰的眼淚
叫春天踟躕東風流連
已經變心的季節
乍暖還寒令人惆悵

且讓多餘的思緒放飛
看著自己的寂寞逐漸凋零
尚存的幾許蒼涼
在背影中閃爍

窗外已是杜鵑夢啼
雪印殘留縹緲了大地
風信微軟牽引著思念悠悠
何處停雲載有我的等待

今夜唯恐細雨不歇
風鈴木的枝頭是否鳴春
真叫人心緒游移
換季的吆喝聲此起彼落

2017.3.17